JN081880

＼ 材料3つから簡単！ ／

ラクうま
おうちスイーツ
レシピ

まんまるkitchen

はじめに

はじめまして。まんまるkitchenです。
私のはじめてのレシピ本を手に取っていただき、
ありがとうございます！

普段はYouTubeチャンネル「まんまるkitchen」で、
スイーツのレシピを中心に紹介しています。

子どものころから料理やスイーツを
作ることが好きだった私は、
母の手伝いをしたり休みの日に妹たちと
お菓子を作ったりする日々を送ってきました。
そんな趣味が高じて料理の専門学校に通い、
調理師免許を取得して、
今では大好きな料理を仕事にしています。

「プロ」の世界で料理を学んできた私ですが、
YouTubeで紹介しているレシピは、
簡単＆お手軽をコンセプトにしたものばかり。
その理由は私自身がずぼらで、
面倒くさがり屋な性格だから。
少しでも早く、ラクに作りたいという
気持ちから生まれたものなんです。

簡単さをテーマにしながらも大切にしているのが、
「おいしさにこだわる」ということ。

ラクさを追求した結果、
せっかくの味が落ちてしまったら残念ですよね。
なので、何度も試作をして、なくても大丈夫なものと
必要なものを見極めてレシピにまとめました。

この本では「材料3つまで」「電子レンジでできる」
といったお手軽スイーツから、
おもてなしにもぴったりな「プチ本格派」レシピまで、
シーン別に52品のレシピを紹介しています。
YouTubeで好評だったものはもちろん、
書籍だけのオリジナルレシピも掲載しています。

どれも料理初心者でも簡単に、
おいしく作れる自信作ばかり。
休日のおやつにお子さんや家族と一緒に作ったり、
ゆっくり過ごしたい一人時間のおともにしたり。
気負わずチャレンジしてもらえたらうれしいです！

まんまるkitchen

まんまるkitchenさんのレシピなら

1 | 身近な材料と道具で作れる!

はじめてお菓子を作る人でも大丈夫なように、ご家庭によくある道具と、身近な材料で作れるレシピを中心に集めました! 市販の板チョコレートやビスケットを使うので、味も簡単においしくきまります。オーブンを持っていない人でも作れるように、電子レンジを使ったレシピや、混ぜて冷やすだけのスイーツもたくさん紹介しています。

板チョコで
味つけも簡単!

2 | 簡単! だけど、おいしさにもこだわりました

本格的な材料は使いませんが、簡単に作ることばかりを意識して味が落ちてしまったら……がっかりですよね。この本には私が試作を重ねて、味に自信のあるレシピだけを選んでいます。バニラエッセンスやコーンスターチなど、あるとより本格的な味を楽しめる材料は各レシピにポイントとして掲載しているので、好みで追加してみてください。

電子レンジで
作れる!

こんなスイーツが作れる!

3 | 流行りのスイーツも、ちょっと本格派の味も作れちゃう!

「人気のあのスイーツも手作りできるのかな?」「プレゼントやおもてなし用に、ちょっと手の込んだスイーツを作ってみたい」そんな人のために、巷で話題のレシピや本格派スイーツの作り方も紹介しています(→Chapter4＆6)。スイーツ作りに慣れてきた人や、時間がある日にぜひチャレンジしてみてください。

大人気の台湾カステラも

4 | YouTubeよりもさらに簡単＆お手軽にしました

レシピ本にまとめるにあたってYouTubeのレシピを見直し、分量を調整したり面倒な工程は省いてより簡単に作りやすくしました。溶かしたり、常温に戻す必要があるチョコレートやバター、クリームチーズなどは、使う前に電子レンジでチンすればOK。気軽に挑戦してみてください。

YouTubeチャンネル「まんまるkitchen」って?

「簡単に、お手軽に」をコンセプトに、身近にあるもので作れるスイーツレシピを紹介。P20掲載の「バナナスフレパンケーキ」は240万回以上再生されるなど、いま注目の料理YouTubeチャンネルのひとつ。登録者数は16万人を突破(2021年3月末時点)。

CONTENTS

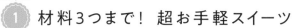

Chapter 1 材料3つまで！ 超お手軽スイーツ

Chapter 2 電子レンジで作れる定番スイーツ

Chapter 3 オーブン不要の簡単ケーキ

〉〉〉この本で使う主な道具

基本の調理道具

❶耐熱ボウル
電子レンジ対応のガラス製耐熱ボウルを使用しています。

❷ざる
薄力粉をふるったり、卵液をこしたりするときに使います。

❸フライパン
本書では直径20cmのテフロン加工のフライパンを使用しています。

❹鍋
チョコレートや牛乳を温めたり、湯をわかしたりするときに使います。

❺めん棒
生地をのばしたり、ビスケットをくだくときにあると便利です。

❻包丁・まな板
一般的な料理に使うものがあれば大丈夫です。

消耗品

❼ラップ
材料を電子レンジで温めたり、冷蔵庫に入れるときに使います。

❽アルミホイル
型にかぶせて蒸し焼きにしたり、湯せん焼きをするときに型底に敷いたりします。

❾ジッパー付き保存袋
主にビスケットをくだくときに使っています。

❿クッキングシート
生地が型にくっつかないようにするために敷きます。

⑪ 計量スプーン

大さじが15cc（㎖）、小さじは5cc（㎖）
です。一番小さいものは2.5cc（㎖）で
す。

⑫ 計量カップ

1カップ=200cc（㎖）のものがあると便
利です。

⑬ デジタルスケール

お菓子作りの必須アイテム。1g単位
で量れるものがあるといいでしょう。

⑭ さいばし

一般的な料理に使っているもので大丈夫です。

⑮ ゴムベラ

材料を混ぜるときに使います。耐熱性の素材だと
便利です。

⑯ 泡立て器

材料を混ぜるときに使います。生クリームやメレン
ゲの泡立てにも使えますが、ハンドミキサーのほ
うが速く・簡単に作れます。

⑰ ハンドミキサー

生クリームやメレンゲを泡立てるときに便利です。

**⑱ 耐熱ガラス製
プリンカップ（160cc）**

プリンなど冷たいス
イーツを作るときに
あると便利です。

⑲ パウンド型
（18cm×8cm×6cm）

パウンドケーキやテ
リーヌを作るときに
使います。

**⑳ 紙製シフォン
ケーキ型（直径15cm）**

100円ショップなど
でも買うことができ
ます。

㉑ ガラス製耐熱皿
（15cm×15cm×6.5cm）

本書では主に電子
レンジで作るスイー
ツに使っています。

㉒ 丸型（直径12cm・15cm）

本書では底が取れる12cm、15cmの
2種類の型を使っています。

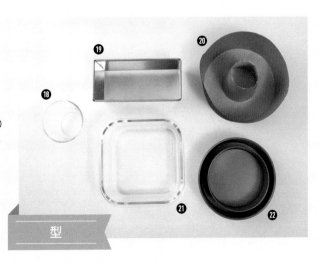

この本で使う主な材料

粉類

❶ベーキングパウダー
ケーキなどの焼き菓子をふくらませる際に必要な材料です。

❷ココアパウダー
チョコレート味のスイーツの味つけや、トッピングに使います。

❸薄力粉
お菓子作りには欠かせない材料。かならずふるってから使いましょう。

❹ホットケーキミックス
使い方次第でケーキやカステラなど、さまざまなスイーツが作れる万能アイテムです。

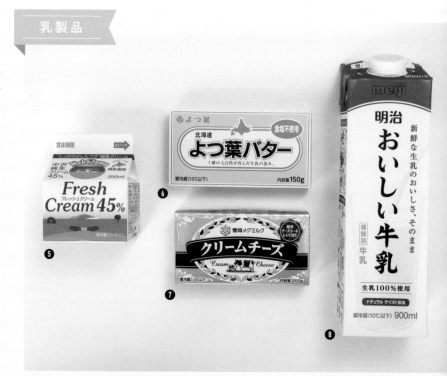

乳製品

❺生クリーム
この本では動物性の乳脂肪分45％のものを使用しています。脂肪分が高いとコクが出ておすすめですが、低いものでも問題なくおいしく作れます。

❻バター
お菓子を作るときは、食塩不使用のものを用意しましょう。

❼クリームチーズ
チーズケーキ作りには欠かせない材料です。

❽牛乳
低脂肪乳や豆乳ではなく、一般的な牛乳を使用してください。

MANMARU KITCHEN

⑨ チョコレート

市販の板チョコを使用しています。特に表記がない場合はミルク味を使っています。

⑩ 粉砂糖

完成したスイーツを飾りつけるために使います。溶けないタイプがおすすめです。

⑪ グラニュー糖

この本のレシピはすべてグラニュー糖を使っていますが、上白糖でも問題なく作れます。

その他

⑫ 粉ゼラチン

レアチーズケーキやムースなど、冷たいスイーツを固めるときに使います。

⑬ ビスケット

タルト生地を作るときに使います。特に記載がない場合は森永の「チョイス」を使っています。

⑭ 卵

Mサイズの卵を使用しています。

⑮ サラダ油

生地をまとめたり、型にくっつかないようにするために使います。

おいしく作るための
3つのポイント

☑卵、バター、クリームチーズなどは常温に戻す。
☑薄力粉などの粉類はふるう。
☑分量はデジタルスケールなどできっちり量る。

この本の使い方

- 材料 -

レシピに必要な材料を紹介しています。それぞれの材料についてはP10の「この本で使う主な材料」も参考にしてください。

- POINT -

各工程で注意するポイントがある場合、調理のコツが書かれています。

- 下準備 -

オーブンの予熱や型の準備など、お菓子作りを始める前に必要な準備について書いています。

- 作り方 -

すべての工程を写真つきで紹介しています。生地やクリームの状態など、写真を参考に作ってみてください。

- MEMO -

調理のコツや、レシピのアレンジ方法などを紹介しています。

レシピについて

- 材料の表記は1カップ=200cc(200ml)、大さじ1=15cc(15ml)、小さじ1=5cc(5ml) です。
- レシピには目安となる分量や調理時間を表記していますが、食材や調理器具によって個体差がありますので、様子を見ながら加減してください。
- 電子レンジの加熱時間は600Wのものを使用した場合の目安です。500Wの場合は、1.2倍を目安に様子を見ながら加熱時間を加減してください。
- トースターは1200W・200℃のものを使用した場合の目安です。温度設定のできないトースターや機種ごとの個体差もありますので、様子を見ながら加減してください。
- 火加減は、特に指定のない場合は、中火で調理しています。
- 特に指示がない場合は、バター、クリームチーズは室温に戻してから使用してください。
- 湯せんに使う湯や氷水などは、基本的に分量外にしています。
- 飾りで使用した材料は明記していないものがあります。お好みで追加してください。
- 本書のレシピの分量や加熱時間は、著者のYouTubeチャンネルと異なる場合があります。

材料3つまで!
超お手軽スイーツ

—

たった3つの材料で作れる、特にお手軽なレシピを選びました。
チーズケーキやガトーショコラなど、
どれもとっても簡単なのに仕上がりは本格派。
ぜひ最初に試してみてください。

Chapter 1
—
材料3つまで!
超お手軽スイーツ

〉〉〉下準備
☑型にクッキングシートを敷く。
☑オーブンを160℃に予熱する。
☑型底にアルミホイルを巻く。

スフレチーズケーキ

たった3つの材料でできる本格チーズケーキ。
焼き立てはふわふわ、冷やすとしっとり。2つの食感を楽しんで。

材料（直径12cmの底が取れる丸型1台分）

クリームチーズ……200g　　グラニュー糖……50g
卵（卵黄と卵白に分ける）……2個

作り方

1 耐熱ボウルにクリームチーズを入れ、電子レンジで30秒加熱する。ゴムベラでクリーム状になるまで混ぜる。

2 卵黄を加えてよく混ぜる。

\ POINT /
焼くと生地がふくらむため、クッキングシートは型より5cm以上高くカットする

3 別のボウルに卵白を入れ、ハンドミキサーでよく混ぜる。グラニュー糖を3回に分けて加え、その都度しっかり混ぜてツノを立たせる。

4 ❸を❷のボウルに3回に分けて加え、その都度さっくりと切るように混ぜる。

5 クッキングシートを敷いた型に流し入れ、竹ぐしでくるくると混ぜて空気を抜く。ゴムベラで表面をととのえる。

6 深めの耐熱皿にのせて型の半分の高さまで湯を注ぎ、160℃のオーブンで焼き色がつくまで40〜50分蒸し焼きにする。型からはずしてラップをかけ、冷蔵庫で3時間以上冷やす。

MEMO
❻で焼きあがったら、オーブンの扉を少し開けて粗熱がとれるまでおいてください。しぼまずきれいに仕上がります。

>>> 下準備
☑ 型にクッキングシートを敷く。
☑ オーブンを170℃に予熱する。

ベイクドチーズケーキ

3つの材料を混ぜて焼くだけなのに、とってもしっとり。
濃厚でチーズ好きさんもハマること間違いなしです。

材料（直径15cmの底が取れる丸型1台分）

クリームチーズ……400g　　卵（溶きほぐす）……3個
グラニュー糖……65g

\ POINT /
あれば
バニラエッセンスを
6～7滴加えても

作り方

❶ 耐熱ボウルにクリームチーズを入れ、電子レンジで1分加熱してよく混ぜる。

❷ グラニュー糖を加え、ゴムベラでクリーム状になるまで混ぜる。

❸ 溶き卵を少しずつ加え、その都度中心から円を描くようにしてよく混ぜる。

❹ クッキングシートを敷いた型に流し入れ、170℃のオーブンで40分焼く。粗熱がとれたらラップをかけ、冷蔵庫でひと晩冷やす。

MEMO
❹で型に生地を流したあとは、
型ごとトントンと落として
空気を抜いてください。

>>> 下準備
☑ 耐熱皿にクッキング
　シートを敷く。

オレオケーキ

電子レンジでたったの4分！　とにかく簡単なのに、ずっしり食べごたえがあって大満足のスイーツです。

材料（15cm×15cm×6.5cmのガラス製耐熱皿1台分）

オレオ……18枚(1箱分)　　粉砂糖……適量
牛乳……120cc

作り方

＼ POINT ／
爪楊枝をさして
生地がつかなく
なればOK

① 保存袋にオレオを入れ、めん棒で粉状になるまで細かくくだく。

② 牛乳を加え、なめらかになるまでよく揉んで混ぜる。

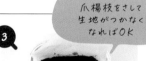

③ 耐熱皿に❷を入れて表面を平らにならす。電子レンジで4分加熱し、粗熱がとれたら型からはずして粉砂糖をふる。

MEMO
型がない場合は、耐熱性のコンテナ
容器でもOK。加熱時間が少し短く
なるので、様子を見て調整してください。

とろける生チョコレートタルト

材料を混ぜて冷やすだけ！ タルト生地にもたっぷりチョコを使った、チョコ好きさんも大満足のレシピ。

材料（直径15cmの底が取れる丸型1台分）

ビスケット……160g	牛乳……160cc
チョコレート……350g	

作り方

1 保存袋にビスケットを入れ、めん棒で細かくくだく。

2 耐熱ボウルにチョコレート50gを割り入れ、電子レンジで40秒加熱してしっかり溶かす。**1**に加えてよく揉んで混ぜる。

3 型に入れてコップの底などで押して形をととのえ、冷蔵庫で10分ほど冷やす。

\ POINT /
溶けない場合は
10秒ずつ
追加で加熱する

4 耐熱ボウルにチョコレート300gを割り入れる。牛乳を加え、電子レンジで1分30秒加熱してしっかりと溶かす。

5 **3**の型に流し入れ、型ごとトントンと落として空気を抜く。冷蔵庫で4時間以上冷やす。

MEMO
食べるときに
ココアパウダーを
ふってもおいしいです。

019

バナナスフレパンケーキ

YouTubeで240万回以上再生された大人気レシピ。
砂糖不使用なので、ダイエット中にもおすすめです。

材料（1枚）

バナナ……1本
卵（卵黄と卵白に分ける）……2個

サラダ油……小さじ1

作り方

1 ボウルにバナナを入れ、フォークでつぶす。

2 卵黄を加え、泡立て器でよく混ぜる。

3 別のボウルに卵白を入れ、ハンドミキサーでツノが立つまで混ぜてメレンゲを作る。

\ POINT /
泡がつぶれないように注意

4 ❸を❷に2回に分けて加え、その都度切るように混ぜる。

\ POINT /
ゆすって崩れなくなればOK

5 フライパンにサラダ油をひき、弱火で温める。生地を流し入れて焼き色がつくまで焼く。半分に折りたたみ、側面と裏面も焼いて形をととのえる。

MEMO
火力が強いと
焼きあがったあと
しぼみやすくなるため、
弱火でじっくり
焼いてください。

>>> 下準備
- ☑ 型にクッキングシートを敷く。
- ☑ オーブンを180℃に予熱する。
- ☑ 卵はしっかり常温に戻す。

半熟ガトーショコラ

とろとろの半熟食感がたまらない♪
ミルクチョコとブラックチョコを半量ずつ使ってビター風味にしても。

材料（18cm×8cm×6cmのパウンド型1台分）

チョコレート……200g　　卵……4個
バター（無塩）……150g

作り方

1 耐熱ボウルにチョコレートを割り入れる。

2 バターをきざんで**1**に加える。電子レンジで2分加熱して完全に溶かす。

3 ボウルに卵を割り入れ、泡立て器でよく混ぜてざるでこす。

4 **2**に**3**を4回に分けて加え、その都度ゴムベラでよく混ぜる。

\ POINT /
気泡は爪楊枝で
つぶす

5 クッキングシートを敷いた型に流し入れ、180℃のオーブンで18分焼く。粗熱がとれたらラップをし、冷蔵庫で3時間以上冷やす。

チョコレートムース

口の中でとろける生チョコ仕立てのムース。
泡立てた生クリームのおかげで、しっとりふわふわに仕上がります。

材料（160ccの耐熱ガラス製プリンカップ4個分）

チョコレート……150g　　ココアパウダー（あれば）……適量
生クリーム……300cc

作り方

\ POINT /
溶けていない場合は
10秒ずつ
追加で加熱する

1 耐熱ボウルにチョコレートを割り入れ、電子レンジで1分加熱してしっかり溶かす。

2 生クリーム100ccを加え、ゴムベラでしっかりと混ぜる。

3 残りの生クリーム200ccを別のボウルに入れ、氷水にあてながらハンドミキサーでしっかりツノが立つまで泡立てる。

4 ❷に❸を3回に分けて加え、その都度ゴムベラで混ぜる。

5 カップに流し入れ、冷蔵庫で3時間ほど冷やす。あればココアパウダーをふる。

MEMO
チョコの50g分を
ブラックチョコに変えると、
ちょっと大人な
ビター味になります。

練乳ショコラ

まるで生チョコのようなコクのあるショコラ。トッピングを粉砂糖や抹茶パウダーに変えてアレンジを楽しんで!

材料(2〜3人分)

練乳……200g	【トッピング】
ココアパウダー……85g	ココアパウダー……適量

作り方

\ POINT /
ダマにならないように
よく混ぜる

1 ボウルに練乳を入れる。ココアパウダーを3回に分けてふるい入れ、その都度ゴムベラでよく混ぜる。

2 ラップの上に取り出してひとまとまりにし、冷蔵庫で2時間ほど冷やす。

3 ひと口大にちぎって丸く成型し、全体にココアパウダーをまぶす。

MEMO

生地がちぎりにくいときは包丁で
切ってから丸く成型してください。

電子レンジで作れる
定番スイーツ

—

クッキーやタルトからプリン、シフォンケーキまで。
人気のスイーツもぜんぶ電子レンジがあれば作れちゃう！
短時間でできてすぐに食べられるものも多いので、
日々のおやつにもおすすめです。

Chapter 2
—
電子レンジで作れる
定番スイーツ

>>> 下準備
☑ 耐熱皿にクッキングシートを敷く。

チーズケーキ

材料を混ぜてチンするだけ！
少し酸味のある味つけで、大人の方にもおすすめです。

材料（15cm×15cm×6.5cmのガラス製耐熱皿1台分）

クリームチーズ……100g
グラニュー糖……大さじ2
卵（溶きほぐす）……1個

Ⓐ
生クリーム……100cc
レモン汁……小さじ2
薄力粉……大さじ2

作り方

1 耐熱ボウルにクリームチーズを入れ、電子レンジで30秒加熱する。グラニュー糖を加え、ゴムベラでクリーム状になるまで混ぜる。

2 溶き卵を加えてよく混ぜる。Ⓐを加えてさらに混ぜる。

3 薄力粉をふるい入れ、粉っぽさがなくなるまでしっかりと混ぜる。

\ POINT /
ふくらまない場合は
10秒ずつ
追加で加熱する

4 クッキングシートを敷いた耐熱皿に流し入れ、電子レンジで2分加熱する。前後を入れ替えてさらに1分加熱し、表面全体がぷっくりふくらむまで加熱する。

5 粗熱をとって冷蔵庫で2時間ほど冷やす。

ガトーショコラ

P22の半熟ガトーショコラよりも、しっかりした重みのある口あたりがポイント。

材料（直径6.5cmのシリコン型6個分）

Ⓐ
- チョコレート（割る）……200g
- バター（無塩、きざむ）……50g

卵（溶きほぐす）……2個
牛乳……30cc

作り方

\ POINT /
溶けない場合は
様子を見て
10秒ずつ
追加で加熱する

耐熱ボウルにⒶを入れ、電子レンジで2分加熱して溶かす。

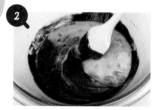

溶き卵を加え、ゴムベラでよく混ぜる。

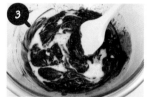

牛乳を加えてさらに混ぜる。

型に均等に流し込み、電子レンジで3分加熱する。前後を入れ替えてさらに2分加熱する。表面がふくらんだら取り出し、粗熱をとって冷蔵庫で1時間ほど冷やす。

MEMO

❶でチョコレートの温度が高くなりすぎると、卵が固まってしまうため注意してください。

ココアボール

サクホロ食感のスノーボール風クッキー。軽い口あたりでパクパク食べられます!

材料（8個分）

A
- 薄力粉……100g
- グラニュー糖……40g
- ココアパウダー……小さじ2

- サラダ油……40g
- ホワイトチョコレート（粗くきざむ）……30g
- ココアパウダー……適量

作り方

1 ボウルにAを入れ、泡立て器でよく混ぜる。

2 サラダ油を加え、ひとまとまりになるまで混ぜる。

3 生地を8等分にし、ホワイトチョコレートを中に入れて丸く成型する。

\ POINT /
生地がふくらんで
色が変わればOK

4 大きめの皿にクッキングシートを敷き、広めに間隔をあけて並べる。電子レンジで2分~2分30秒加熱し、生地が完全に固くなるまでおく。

5 保存袋に入れてココアパウダーをふり、クッキー全体にかかるようにふる。

MEMO
ホワイトチョコのかわりに
ナッツを入れるのも
おすすめです。

ソフトクッキー

しっとり食感が人気のソフトクッキー。
焼き立てよりも、1時間ほど冷蔵庫で冷やして食べるのがおすすめです。

材料（約14枚分）

バター（無塩）……85g　　薄力粉……150g
グラニュー糖……55g　　ココアパウダー……大さじ1
卵（溶きほぐす）……1個　　チョコレート、ホワイトチョコレート（粗くきざむ）……各30g

作り方

耐熱ボウルにバターを入れ、電子レンジで30秒加熱してクリーム状にする。

グラニュー糖を加え、ゴムベラですり混ぜる。溶き卵を少しずつ加えてよく混ぜる。

薄力粉をふるい入れ、粉っぽさがなくなるまでしっかりと混ぜる。

半量を別のボウルに入れ、ココアパウダーを加えてよく混ぜる。

ラップに取り出し、棒状に成型して冷蔵庫で10分ほどおく。

それぞれ7等分に切り、きざんだチョコレートを中に入れて円形に成型する。ココアパウダーを加えた生地にはホワイトチョコレートを入れる。

クッキングシートを敷いた皿に間隔をあけて並べ、電子レンジで2分20秒〜2分50秒加熱する。粗熱がとれるまで常温におく。

MEMO

焼き上がりはやわらかく、崩れやすいので注意してください。冷蔵庫で冷やすとしっとりしておいしいですよ〜♪

濃厚ブラウニー

ずっしり濃厚で食べごたえのあるブラウニー。冷蔵庫で1日冷やすとさらにしっとりとした口あたりに。

材料（15cm×15cm×6.5cmのガラス製耐熱皿1台分）

A ┌ チョコレート（割る）……100g
　└ バター（無塩、きざむ）……80g

卵（溶きほぐす）……1個
ホットケーキミックス……100g
ナッツ類（きざむ）……適量

作り方

耐熱ボウルに A を入れ、電子レンジで1分30秒加熱して溶かす。ゴムベラで全体がなめらかになるまでしっかりと混ぜる。

溶き卵を2回に分けて加え、その都度よく混ぜる。

ホットケーキミックスを加えてしっかりと混ぜる。

クッキングシートを敷いた耐熱皿に生地を流し入れる。ナッツをのせ、電子レンジで1分50秒加熱する。粗熱がとれたらラップをし、冷蔵庫で3時間ほど冷やす。

MEMO
ナッツのかわりにきざんだ
チョコレートをのせても。

チョコレートムースタルト

ゼラチン不要。マシュマロを使ったふわふわ食感がくせになる!

材料 (直径6.5cmのシリコン型5個分)

【タルト生地】
ビスケット……100～110g
生クリーム……25cc

【チョコレートムース】
- 生クリーム……120cc
Ⓐ マシュマロ……110g
- ココアパウダー……大さじ1

作り方

1
保存袋にビスケットを入れ、めん棒で細かくくだき、生クリームを加えてよく揉んで混ぜる。

2
5等分にして型に入れ、しっかりと押さえて形をととのえ、冷蔵庫で10分ほど冷やす。

3
耐熱ボウルにⒶを入れ、電子レンジで1分30秒加熱する。泡立て器でマシュマロが液状になるまで混ぜる。

\ POINT /
字が書けるくらいの
固さになればOK

4
ココアパウダーをふるい入れてよく混ぜ、ラップをして冷蔵庫で10分ほど冷やす。一度取り出して混ぜ、再びラップをして冷蔵庫で10分ほど冷やす。

5
❹を絞り袋に入れ、❷の型にふんわりと絞り出す。好みでココアパウダー(分量外)をかける。

MEMO
❹でココアパウダーの
代わりに溶かした
チョコレートを使うと
さらに濃厚に!

ふわとろチーズタルト

口にするとチーズクリームがふんわりとろける！
小さめなので、ちょっとしたプレゼントにもおすすめです。

材料（直径6.5cmのシリコン型6個分）

【タルト生地】
ビスケット　……120g
バター（無塩）……70g

【クリーム生地】
クリームチーズ
　　……100g

A
グラニュー糖……45g
卵（溶きほぐす）……1個
レモン汁……小さじ1
バニラエッセンス（あれば）……7〜8滴
生クリーム……100cc
薄力粉（ふるう）……大さじ2

作り方

1 保存袋にビスケットを入れ、めん棒で細かくくだく。耐熱ボウルにバターを入れて電子レンジで30秒加熱して溶かし、ビスケットと混ぜる。

2 6等分にして型に入れ、しっかりと押さえて形をととのえ、冷蔵庫で10分ほど冷やす。

3 ❶と別の耐熱ボウルにクリームチーズを入れ、電子レンジで30秒加熱する。ゴムベラでクリーム状になるまで混ぜる。

4 Aを上から順に加え、ゴムベラで粉っぽさがなくなるまでよく混ぜる。

\ POINT /
生地がゆるい場合は様子を見ながら10秒ずつ追加で加熱する

5 ラップをして電子レンジで2分加熱する。取り出してよく混ぜ、再びラップをして1分加熱して混ぜる。

\ POINT /
絞り袋がない場合はそのまま流し入れてもOK

6 絞り袋に入れ、❷の型に絞り出す。冷蔵庫で2時間以上冷やす。

カスタードプリン

昔ながらの卵風味のプリン。
電子レンジで少量から作れるのもうれしいポイントです。

材料（160ccの耐熱ガラス製プリンカップ3個分）

【カラメル】
A
┌ グラニュー糖……大さじ3
└ 水……小さじ2

【プリン生地】
B
┌ 牛乳……150cc
├ 生クリーム……100cc
└ グラニュー糖……50g
　卵……2個

作り方

\ POINT /
お湯を加えるときは、はねやすいので十分注意する

1 耐熱ボウルに **A** を入れ、混ぜずに電子レンジで3分加熱する。色がついたら湯大さじ1（分量外）を加えて混ぜる。

2 容器に3等分にして流し入れ、冷蔵庫で冷やす。

3 耐熱ボウルに **B** を入れ、電子レンジで2分加熱してゴムベラでよく混ぜる。

4 別のボウルに卵を割り入れ、泡立て器で空気が入らないようにしっかりと混ぜる。**3** を少しずつ加え、その都度よく混ぜてざるでこす。

5 **2** で冷やしておいた容器に流し入れる。

\ POINT /
余熱で火を通すため、すぐに冷蔵庫に入れない

6 容器1個を電子レンジで1分30秒～2分加熱する。表面がポコポコしたら取り出してすぐにアルミホイルで包む。残り2個も同様に加熱し、粗熱がとれたら冷蔵庫で4時間以上冷やす。

MEMO
6 で、水分がなくなって表面が
ポコポコした状態まで加熱するのがポイント。
必ず様子を見ながら加熱してください。

MANMARU KITCHEN

チョコレートケーキ

チョコ好きにはたまらないチョコずくめのケーキ。
材料はブラウニーと似ていますが、加熱時間を変えることでふっくら仕上がります。

材料（17.5cm×6.5cm×4.5cmの紙製パウンド型1台分）

Ａ┌ サラダ油……60g
　└ チョコレート（割る）……50g
　　 卵（溶きほぐす）……1個
　　 ホットケーキミックス……50g

【トッピング】
チョコレート……100g（板チョコ2枚分）

作り方

耐熱ボウルに **Ａ** を入れ、電子レンジで50秒加熱してゴムベラでよく混ぜる。

溶き卵を2回に分けて加え、その都度よく混ぜる。

ホットケーキミックスを加え、粉っぽさがなくなるまでよく混ぜる。

型に流し入れ、電子レンジで2分20秒加熱する。粗熱がとれたらラップをして冷蔵庫で30分ほど冷やす。

\ POINT /
体温で溶けやすいので注意

トッピング用のチョコレートを用意する。板チョコ1枚の裏側を1/2枚分スプーンで削る。

耐熱ボウルに残りのチョコレートを割り入れ、電子レンジで1分30秒加熱してしっかりと溶かす。

\ POINT /
分離しないように
少しずつ加える

60～70℃の湯大さじ2（分量外）を加え、つやが出るまでよく混ぜる。

型からはずしたケーキに **7** を塗り、**5** を散らして冷蔵庫で1時間ほど冷やす。

MEMO

トッピング用のチョコは
溶けやすいので、
7 のチョコが冷えてから
飾りつけてください

紅茶シフォンケーキ

しっとりふわふわなシフォンケーキも電子レンジで簡単！
基本の作り方をおさえれば、紅茶以外のアレンジもできます。

材料（直径15cmの紙製シフォンケーキ型1台分）

牛乳……60cc　　　　ホットケーキミックス……100g
ティーバッグ……1袋　サラダ油……30g
Ⓐ 卵……4個
　 グラニュー糖……40g

作り方

1　耐熱ボウルに牛乳とティーバッグの茶葉を入れ、電子レンジで1分加熱する。粗熱がとれたら冷蔵庫で冷やす。

2　大きめのボウルにⒶを入れ、泡立て器でよく混ぜる。

3　ホットケーキミックスを加え、粉っぽさがなくなるまでしっかりと混ぜる。

4　サラダ油を加えてよく混ぜる。❶を加え、しっかりと混ぜる。

5　型に流し入れ、電子レンジで5〜6分加熱して粗熱をとる。

MEMO
生クリームを
たっぷりかけて
食べるのが
おすすめです。

ふわふわオムレット

ふわふわ生地と生クリーム、フルーツが相性抜群。
子どもも喜ぶこと間違いなしのスイーツです。

電子レンジで作れる定番スイーツ

材料（3個分）

卵……1個
グラニュー糖……15g
薄力粉……30g

Ⓐ 牛乳……大さじ1
　 サラダ油……大さじ1

Ⓑ 生クリーム……200cc
　 グラニュー糖……40g
　 好きなフルーツ……適量

作り方

ボウルに卵を割り入れ、グラニュー糖を加えてハンドミキサーで白くもったりとするまで混ぜる。

薄力粉をふるい入れ、ゴムベラで泡をつぶさないようにしながら切るように混ぜる。

Ⓐを加えてさっくりと混ぜる。

クッキングシートを敷いた耐熱皿に❸の1/3量を広げ、均等にのばす。電子レンジで1分〜1分20秒加熱し、乾燥しないようにラップをする。残りの生地も同様に加熱する。

ボウルにⒷを入れ、ハンドミキサーでツノが立つまで混ぜる。

❹をクッキングシートからはがし、両端を立てるように折って成型する。❺と好みのフルーツをのせ、冷蔵庫で10分ほど冷やす。

もちもちクレープ

フルーツやアイスをはさんだスイーツ系から、おかずクレープまで好きな具材でアレンジ!

材料(5〜6個分)

卵 ……1個
牛乳……160cc
ホットケーキミックス……100g

【トッピング】
ホイップクリーム……適量
好きなフルーツ……適量

作り方

ボウルに卵を割り入れ、泡立て器で溶きほぐす。

牛乳を加えてよく混ぜる。

ホットケーキミックスを加え、ダマがなくなるまでよく混ぜる。

大きめの耐熱ボウルにラップをはり、お玉1/3杯分の生地を薄くのばす。電子レンジで1分30秒加熱する。残りの生地も加熱し、ホイップクリームや好みのフルーツをのせて巻く。

MEMO

❹で使うのは大きめの耐熱皿でもOK。
生地にしわがよらないように、
ラップをピンとはり、
数回焼くごとにはりかえてください。

Chapter 3

オーブン不要の
簡単ケーキ

—

「ケーキ=オーブンがないと作れない」……そんなことありません！
この章では混ぜたあと電子レンジでチンしたり、
冷やしたりするだけでOKなケーキをご紹介。
オーブンがなくても、いろいろなケーキが作れます。

Chapter 3
—
オーブン不要の
簡単ケーキ

キャラメルバナナケーキ

材料4つでできるのに見た目も味も本格派。
素朴でどこかなつかしい味で、何度でも食べたくなるはず！

材料（直径15cmのケーキ型1台分）

グラニュー糖……80g　　　牛乳……300cc
バナナ……3本　　　　　　卵……3個

作り方

\ POINT /
最初は動かさず、
色がつき始めたら
ゴムベラで混ぜる

❶ 鍋にグラニュー糖を入れて中火にかけ、色がつき始めたら弱火にしてカラメル色になるまで加熱する。

❷ 型に流し入れ、冷蔵庫で10分ほど冷やす。

❸ フードプロセッサー（またはミキサー）にひと口大に切ったバナナと牛乳を入れ、卵を割り入れて撹拌する。

❹ ❷の型に流し入れ、深めのフライパンにのせて型の半分の高さまで湯を注ぐ。アルミホイルでふたをし、弱火で45分ほど加熱する。粗熱がとれたら冷蔵庫で3時間以上冷やす。

MEMO
小麦粉を
使っていないので、
糖質をおさえられるのも
うれしいポイントです。

049

>>> 下準備
☑ 型にクッキングシートを敷く。

2色の生チョコレートタルト

P19の「とろける生チョコレートタルト」を2層にアレンジ。
タルト生地からチョコレート生地まで、3種類のチョコをぜいたくに使いました。

材料（直径15cmの底が取れる丸型1台分）

【タルト生地】	【生チョコレート生地】
ビスケット……150g	ホワイトチョコレート……160g
チョコレート（くだく） ……50g	牛乳……130cc ブラックチョコレート……150g

作り方

\ POINT /
成型後、冷蔵庫で
10分冷やす

保存袋にビスケットを入れ、めん棒で細かくくだく。

耐熱ボウルにチョコレートをくだき入れ、電子レンジで40秒加熱して溶かす。❶に加えてよく揉んで混ぜ、型に入れてコップの底などで形をととのえる。

❷と別の耐熱ボウルにホワイトチョコレートを割り入れる。牛乳50ccを加え、電子レンジで1分加熱してよく溶かす。

❷の型に流し入れ、冷蔵庫で1時間ほど冷やす。

耐熱ボウルにブラックチョコレートと残りの牛乳80ccを入れ、❸と同様に溶かす。

❹の型に流し入れ、型ごとトントンと落として空気を抜き、冷蔵庫で3時間以上冷やす。

》》》下準備
☑ 型にクッキングシートを敷く。
☑ ヨーグルトはキッチンペーパーを
　　敷いたざるに入れ、冷蔵庫で
　　3～4時間水切りする。

レアチーズケーキ

ゼラチンいらずでできる簡単レアチーズケーキ。
ふんわりとろける半熟仕立ての食感がポイントです。

材料（直径15cmの底が取れる丸型1台分）

ビスケット（「マリー」を使用）……70g
生クリーム……240cc
クリームチーズ……200g

A ┌ グラニュー糖……60g
　└ ヨーグルト（無糖）……100g（水切り前）

作り方

\ POINT /
ヨーグルトは
しっかり
水切りしておく

1 保存袋にビスケットを入れ、めん棒で細かくくだく。生クリーム40ccを加えてよく揉んで混ぜる。

2 クッキングシートを敷いた型に入れ、コップの底などで押して平らにならす。冷蔵庫で10分ほど冷やす。

3 耐熱ボウルにクリームチーズを入れ、電子レンジで30秒加熱し、ゴムベラで混ぜる。Aを加えてよく混ぜる。

4 生クリーム200ccを3回に分けて加え、その都度ゴムベラでよく混ぜる。冷蔵庫で10分ほど冷やす。

5 一度取り出してハンドミキサーでしっかりツノが立つまで混ぜる。

6 ❷の型に流し入れ、冷蔵庫で4時間以上冷やす。

生スイートポテトタルト

焼かずにそのまま食べられる生食感のスイートポテト。
ふわふわとしたやさしい口あたりの新感覚スイーツです。

材料（直径15cmの底が取れる丸型1台分）

ビスケット……120g　　さつまいも……200g
生クリーム……200cc　　ホワイトチョコ……40g

作り方

1 保存袋にビスケットを入れ、めん棒で細かくくだく。生クリーム50ccを加えてよく揉んで混ぜる。

2 型に入れ、コップの底などで押して平らにならす。冷蔵庫で10分ほど冷やす。

3 さつまいもは皮のままよく洗い、濡らしたキッチンペーパーとラップを巻く。電子レンジで4分～4分30秒加熱する。

4 手で皮をむき、耐熱ボウルに入れてスプーンなどで軽くつぶす。温かいうちにホワイトチョコを加えて溶かす。

5 木べらとざるでよくこす。

6 生クリーム150ccを6分立てにして❺に加え、ゴムベラでなめらかになるまで混ぜる。

7 絞り袋に入れ、❷の型に端から円を描くように絞る。冷蔵庫で1時間以上冷やす。

オレオティラミスケーキ

一見難しそうなティラミスも、市販のクッキーを使えば簡単！
マスカルポーネチーズをたっぷりと使った、濃厚な味わいを楽しんで。

材料（18cm×13cm×7cmの耐熱皿1台分）

オレオ……12枚　　　　　　マスカルポーネチーズ……250g

Ⓐ
┌ 卵黄……2個分　　　　　　生クリーム……200cc
└ グラニュー糖……20g

作り方

\ POINT /
混ぜすぎると
分離するので注意

① オレオは7枚分をクッキーとクリームに分ける。

② ①のクッキーを保存袋に入れ、めん棒で細かくくだく。トッピング用に大さじ3ほどよけておく。

③ ボウルに①のクリームとⒶを入れ、泡立て器でもったりとするまで混ぜる。マスカルポーネチーズを加えてよく混ぜる。

④ 別のボウルに生クリームを入れ、ハンドミキサーで8分立てにする。③に2〜3回に分けて加え、その都度泡立て器でよく混ぜる。

⑤ 器に②でくだいたクッキー、④、残りのオレオ5枚、④の順で入れる。

⑥ 表面を平らにならし、冷蔵庫で2時間以上冷やす。②でよけておいたクッキーを茶こしでこしてかける。

≫ 下準備
☑型にクッキングシートを敷く。

抹茶オレオチーズケーキ

ほろほろのクッキー生地と、濃厚な抹茶クリームがベストマッチ。
混ぜて冷やすだけなのにぜいたく感たっぷりです!

材料(直径15cmの底が取れる丸型1台分)

オレオ……14枚
溶かしバター(無塩)……40g
クリームチーズ……200g

グラニュー糖……40g
生クリーム……200cc
抹茶パウダー……大さじ2

A ┌ 粉ゼラチン……5g
  └ 湯……20cc

作り方

オレオはクリームとクッキーに分ける。保存袋にクッキーを入れ、めん棒で細かくくだく。

ボウルに20g分取り分け、残りは溶かしバターを加えてよく揉む。

型に入れてコップの底などでしっかりと押して固め、冷蔵庫で10分ほど冷やす。

耐熱ボウルにクリームチーズを入れ、電子レンジで30秒加熱する。❶のクリームとグラニュー糖を加えてよく混ぜる。

別のボウルに生クリームを入れ、ハンドミキサーで8分立てにする。

❹のボウルに❺を加え、ゴムベラでよく混ぜる。抹茶パウダーをふるい入れ、さらに混ぜる。

耐熱容器に🅐を入れ、よく混ぜてしっかり溶かす。❻に加えて手早く混ぜる。

❸の型に流し入れ、表面を平らにならす。❷で取り分けておいたクッキーをのせ、冷蔵庫で3時間以上冷やし固める。

>>> 下準備
☑型にクッキングシートを敷く。

りんごタルト

火を一切使わないのに仕上がりは本格派。
まろやかなカスタードクリームと、甘酸っぱいりんごが相性抜群です♪

材料（直径15cmの底が取れる丸型1台分）

【タルト生地】
ビスケット(「マリー」を使用)
　……113g(1箱分)
溶かしバター (無塩)……60g

【クリーム】
Ⓐ 卵黄……2個分
　 グラニュー糖……大さじ3
　 薄力粉……大さじ2
　 牛乳……200cc

バニラエッセンス(あれば)……7~8滴
りんご……1個
グラニュー糖……大さじ3
シナモンパウダー (あれば)……適量

作り方

1 保存袋にビスケットを入れ、めん棒でくだく。溶かしバターを加えてよく揉んで混ぜる。

2 型に入れてコップの底などでしっかりと押して形をととのえ、冷蔵庫で10分ほど冷やす。

3 耐熱ボウルにⒶを入れ、泡立て器で混ぜる。薄力粉をふるい入れ、しっかりと混ぜる。

\ POINT /
固まらない場合は
よく混ぜてから、
さらに1分加熱する

4 牛乳を少しずつ加え、ダマにならないようにしっかりと混ぜる。ふわっとラップをして電子レンジで2分加熱して混ぜ、再びラップをして1分加熱する。

5 泡立て器で手早く混ぜてダマをつぶす。バニラエッセンスを加えてさらに混ぜる。クリームにつくようにぴったりとラップをし、冷蔵庫で10分ほど冷やす。

6 りんごは皮のまま12等分にする。耐熱ボウルに入れ、グラニュー糖をかけてラップをし、電子レンジで5分加熱する。シナモンパウダーをかけて混ぜ、冷蔵庫で冷やす。

7 ❺を泡立て器でよく混ぜ、❷の型に流し入れて表面を平らにならす。

8 ❻のりんごを円を描くように並べる。

》》》下準備

☑ 型にクッキングシートを敷く。

☑ クリームチーズは電子レンジで
　30秒加熱する。

☑ ヨーグルトはキッチンペーパーを
　敷いたざるに入れ、冷蔵庫で
　3時間水切りする。

チョコレートレアチーズケーキ

チョコのグラサージュ（コーティング）とレアチーズの組み合わせがぜいたく！
一見難しそうですが、意外と簡単なのでぜひチャレンジしてみてください。

材料（直径15cmのケーキ型1台分）

【タルト生地】
ビスケット……90g
生クリーム……30cc

【生地】
Ⓐ クリームチーズ……200g
　グラニュー糖……40g
　ヨーグルト(無糖)
　　……60g(水切り前)

Ⓑ 牛乳……30cc
　粉ゼラチン
　　……5g
　生クリーム
　　……200cc

【グラサージュ】
Ⓒ グラニュー糖……30g
　水……20cc
　ココアパウダー……12g
　生クリーム……20cc
Ⓓ ゼラチン……2g
　水……小さじ2

作り方

1 保存袋にビスケットを入れ、めん棒でくだく。生クリームを加えてよく揉んで混ぜる。

2 クッキングシートを敷いた型に入れ、コップの底などでしっかりと押して平らにする。冷蔵庫で10分ほど冷やす。

3 ボウルにⒶを上から順に入れ、ゴムベラでダマがなくなるまでよく混ぜる。

\ POINT /
ココアパウダーは
ふるう

4 別の耐熱ボウルにⒷを入れ、電子レンジで10秒加熱してよく溶かす。❸に生クリーム200ccとともに加え、ゴムベラで手早く混ぜる。

5 ❷の型に流し入れ、冷蔵庫で1時間以上冷やす。

6 グラサージュを作る。鍋にⒸを入れ、ゴムベラでダマがなくなるまでしっかりと混ぜる。

7 生クリーム20ccを加え、弱火でつやが出るまで加熱する。よく混ぜたⒹを加え、しっかりと溶かす。

8 ❺にざるでこしてかけ、冷蔵庫でひと晩冷やす。

>>> 下準備
☑ 型にクッキングシートを敷く。
☑ アイスクリームは常温に戻して
　溶かしておく。
☑ クリームチーズは電子レンジで
　30秒加熱する。

バニラレアチーズケーキ

濃厚なクリームチーズとバニラの香りの組み合わせがたまらない！
バニラエッセンスはあると香りが引き立ちますが、なくても十分おいしいです。

材料（直径12cmのケーキ型1台分）

オレオ……15枚
牛乳……20cc

Ⓐ クリームチーズ……200g
　グラニュー糖……30g

Ⓒ 牛乳…… 大さじ2
　粉ゼラチン……5g

Ⓑ バニラアイスクリーム……100cc
　バニラエッセンス（あれば）……5〜6滴

作り方

❶ 保存袋にオレオを入れ、めん棒で細かくくだく。牛乳を加えてよく揉んで混ぜる。

❷ 型に入れ、コップの底などでしっかりと押して形をととのえる。冷蔵庫で10分ほど冷やす。

❸ ボウルにⒶを入れ、ゴムベラでよく混ぜる。

❹ Ⓑを加えてよく混ぜる。

❺ 耐熱容器にⒸを入れ、電子レンジで10秒加熱してよく混ぜる。❹に加えてゴムベラで手早く混ぜる。

❻ ❷の型に流し入れ、冷蔵庫で3時間以上冷やす。

牛乳パックレアチーズケーキ

専用の型がなくても簡単！ ジャムの種類を変えればアレンジは無限大です。

材料（200ccの牛乳パック3本分）

牛乳……300cc
クリームチーズ……200g

粉ゼラチン……5g
練乳、ジャムなど……各大さじ1と1/2

作り方

1 牛乳パックは上部を切り、それぞれ使用しない半量を取り除く。

2 フードプロセッサーに牛乳200ccとクリームチーズを入れて撹拌する。

3 耐熱容器に残りの牛乳100ccを入れ、電子レンジで1分加熱する。粉ゼラチンを加えてよく混ぜる。

4 ❷に❸を加えてさらに撹拌する。

5 ボウルに1/3量ずつ分け、練乳や好みのジャムを加えて混ぜる。

6 牛乳パックにそれぞれ流し入れ、こぼれないようにクリップなどで封をする。冷蔵庫で3時間以上冷やし固める。

Chapter 4

人気＆話題のスイーツを
おうちでお手軽に

—

台湾カステラやイタリアンプリンなど流行りのスイーツから、
憧れのあのおやつの再現レシピまで大集合。
おでかけしなくても、おうちでお店みたいな味が楽しめる♪

Chapter 4
—
人気&話題の
スイーツを
おうちでお手軽に

》》》下準備
☑型にクッキングシートを敷く。
☑オーブンを150℃に予熱する。

台湾カステラ

ふんわり&しゅわしゅわの不思議な食感で大人気!
焼き立ての温かいまま食べるのがおすすめです。

材料(18cm×8cm×6cmのパウンド型1台分)

卵(卵黄と卵白に分ける)……2個

Ⓐ
┌ サラダ油……30g
│ 牛乳……30cc
└ はちみつ……15g

薄力粉……35g
グラニュー糖……30g

作り方

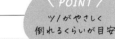
\ POINT /
ツノがやさしく
倒れるくらいが目安

① ボウルに卵黄とⒶを入れ、ゴムベラでよく混ぜる。

② 薄力粉をふるい入れ、ダマがなくなるまでしっかりと混ぜる。

③ 別のボウルに卵白を入れ、グラニュー糖を3回に分けて加え、その都度ハンドミキサーでよく混ぜてメレンゲを作る。

④ ❷のボウルに2回に分けて加え、ゴムベラでさっくりと混ぜる。

\ POINT /
焼けたら好みで
粉砂糖をふる

⑤ クッキングシートを敷いた型に流し入れる。深めの耐熱皿に型の半分の高さまで湯を注ぎ、150℃のオーブンで25～30分蒸し焼きにする。

MEMO
加熱途中で表面が
割れそうになった場合は、
一度オーブンの扉を開け、
オーブン内の温度を下げると
きれいに仕上がります。

069

>>> 下準備
☑ オーブンを140℃に予熱する。
☑ クリームチーズは電子レンジで
　30秒加熱する。

イタリアンプリン

しっとり濃厚で一度食べたらくせになる！
焼き時間はかかりますが、そのぶん満足度も高い仕上がりです。

材料（18cm×8cm×6cmのパウンド型1台分）

【プリン生地】
- 牛乳……180cc
- Ⓐ 生クリーム……150cc
- グラニュー糖……60g
- クリームチーズ……200g
- 卵（溶きほぐす）……3個

【カラメルソース】
グラニュー糖……大さじ3
水……小さじ2

作り方

\ POINT /
色がついて
いない場合は
10秒ずつ
追加で加熱する

1 耐熱ボウルにカラメルソースの材料を入れ、電子レンジで3分加熱して型に流し入れる。

2 鍋にⒶを入れ、ゴムベラで混ぜながら沸騰直前まで加熱する。

3 耐熱ボウルにクリームチーズを入れ、ゴムベラでよく混ぜる。溶き卵を3回に分けて加え、その都度よく混ぜる。

4 ❷を3回に分けて加え、よく混ぜる。

5 ざるでこして型に流し入れ、アルミホイルでふたをする。

\ POINT /
表面がプルプルとするまで焼く

6 深めの耐熱皿にのせ、型の半分の高さまで湯を注ぎ、140℃のオーブンで75〜90分蒸し焼きにする。粗熱がとれたらラップをし、冷蔵庫で6時間以上冷やす。

MEMO
低温でじっくり蒸し焼きにすることで、しっとりなめらかな口あたりになります。

スモア

キャンプで大人気のスモアを自宅仕様に。トロトロに溶けたマシュマロ&チョコが相性抜群です!

材料(直径15cmのスキレット1台分)

アルフォート……5枚
マシュマロ……20〜30g

作り方

\ POINT /
焼き色がつき始めると、
すぐに焦げるので注意

1
スキレットにアルフォートをチョコレートの面を上にして並べる。

2
マシュマロを外側から隙間ができないように並べる。トースター(1200W)で焼き色がつくまで1分〜1分30秒ほど焼く。

MEMO
材料の分量は
スキレットの大きさに合わせて
調整してください。

キャラメルラスク

みんな大好きキャラメルポップコーン風のラスク。映画のおともにどうぞ♪

材料（作りやすい分量）

食パン（6〜8枚切り）……2枚

A ─ キャラメル（「森永ミルクキャラメル」を使用）……60g
　　　牛乳……20cc
　　└ バター（無塩）……20g

作り方

1 食パンをひと口大に切る。

2 油をひいていないテフロン加工のフライパンにのせ、弱火で焦げてカリカリになるまで炒める。

3 耐熱ボウルに **A** を入れ、電子レンジで50秒加熱する。よく混ぜてしっかりと溶かす。

4 **3** に **2** を加え、しっかりとからめる。

5 クッキングシートに並べて完全に乾くまでおく。

スフレパンケーキ

お店のようなふわふわ食感のパンケーキは、朝食やおやつにぴったり。
同サイズのセルクル型でも同様に作れます。

材料（直径9.5cmの底つきシリコン型4個分）

卵（卵黄と卵白に分ける）……2個
Ⓐ 牛乳……100cc
ヨーグルト……50g

ホットケーキミックス……200g
グラニュー糖……20g

作り方

ボウルに卵黄とⒶを入れ、泡
立て器でよく混ぜる。

ホットケーキミックスを加え、
ダマがなくなるまでさっくりと
混ぜる。

別のボウルに卵白を入れ、グ
ラニュー糖を2回に分けて加
え、その都度ハンドミキサー
でしっかりと混ぜてツノを立
たせる。

\ POINT /
泡をつぶさず、
切るように混ぜる

❷に❸を3回に分けて加え、
その都度泡立て器で混ぜる。

型にバター（分量外）を塗り、
生地を8分目まで流し入れる。

フライパンを極弱火にかけ、
温まったら❺を並べ、水大さ
じ2（分量外）を入れる。ふた
をして10分ほど加熱する。

裏返して水大さじ1（分量外）
を入れ、さらに10分ほど焼く。

MEMO
メレンゲを加えることで、
冷めてもしぼまず
ふわふわ感を
キープできます。

》》》下準備
☑ オーブンを160℃に予熱する。

絵本みたいなカステラケーキ

子どものころに憧れた、ふんわりふくらんだカステラ。
ほんのりやさしい甘さで、お子さんにもおすすめです。

材料（直径15cmのスキレット1台分）

卵（卵黄と卵白に分ける）……2個
牛乳……50cc

Ⓐ
薄力粉……20g
ベーキングパウダー……2g
グラニュー糖……20g

【スキレット用】
溶かしバター（無塩）
　……適量
薄力粉……適量

作り方

1
スキレットに溶かしバターを塗り、薄力粉を全体にふるいかける。

2
ボウルに卵黄を入れ、泡立て器で溶きほぐす。牛乳を加えて混ぜる。Ⓐをふるい入れ、ダマがなくなるまでしっかりと混ぜる。

\ POINT /
泡立てすぎると生地が割れるので注意

3
別のボウルに卵白を入れる。グラニュー糖を3回に分けて加え、その都度泡立て器で混ぜてやわらかいツノが立ったメレンゲを作る。

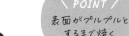

4
❸を❷のボウルに2〜3回に分けて加え、その都度ゴムベラでふわっと混ぜる。

\ POINT /
表面がプルプルとするまで焼く

5
スキレットに流し入れ、160℃のオーブンで16〜18分焼く。

MEMO
途中で表面が
割れそうになったら
アルミホイルを
かぶせてください。

ミルクレープ

一見手間がかかりそうなミルクレープも、ホットケーキミックスを使えば簡単。
生地を焼いているうちに、どんどん楽しくなってくるはず！

材料（直径20cmのフライパン1台分）

- Ⓐ
  - 牛乳……450cc
  - ホットケーキミックス……200g
  - 卵（溶きほぐす）……2個
  - 溶かしバター（無塩）……30g
- Ⓑ
  - 生クリーム……400cc
  - グラニュー糖……50g

作り方

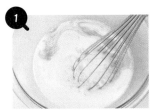

ボウルにⒶを入れ、泡立て器でダマがなくなるまでしっかりと混ぜる。

溶かしバターを加えてしっかりと混ぜる。

油をひいていないテフロン加工のフライパンに、❷をお玉1/2杯分流し入れる。中火で表面がプツプツするまで焼く。

\ POINT /
フライパンをゆすって生地が動くようになればOK

裏返して10秒ほど焼き、ラップを敷いた皿に取り出す。残りの生地も同様に焼く。粗熱がとれたらラップをかけて冷蔵庫で冷やす。

\ POINT /
ツノがゆっくり倒れるくらいが目安

ボウルにⒷを入れ、氷水にあてながらハンドミキサーで混ぜて8分立てにする。

❹の生地、❺の生クリームの順に重ねる。

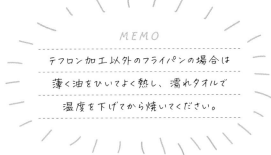

MEMO

テフロン加工以外のフライパンの場合は
薄く油をひいてよく熱し、濡れタオルで
温度を下げてから焼いてください。

抹茶ミルクレープ

抹茶好きにはうれしい、抹茶とあんこのミルクレープ。
基本の作り方はP78のミルクレープと同じです。

材料（直径20cmのフライパン1台分）

【クレープ生地】
A ┌ 牛乳……450cc
　├ ホットケーキミックス……200g
　├ 卵（溶きほぐす）……2個
　└ 抹茶パウダー……大さじ1
　　溶かしバター（無塩）……30g

【トッピング】
B ┌ 生クリーム……300cc
　└ グラニュー糖……20g
　　あんこ……200g
　　抹茶パウダー……適量

作り方

ボウルに A を入れ、泡立て器でダマがなくなるまでしっかりと混ぜる。

溶かしバターを加えてさらに混ぜる。

\ POINT /
テフロン加工以外の
フライパンを使う場合は
薄く油をひく

油をひいていないテフロン加工のフライパンに、2 をお玉1/2杯分流し入れる。中火で表面がプツプツするまで焼く。

裏返して10秒ほど焼き、ラップを敷いた皿に取り出す。残りの生地も同様に焼く。粗熱がとれたらラップをかけて冷蔵庫で冷やす。

\ POINT /
ツノがゆっくり
倒れるくらいに
なればOK

ボウルに B を入れ、氷水にあてながらハンドミキサーで混ぜて8分立てにする。

4 の生地、5 の生クリーム、あんこ、生地の順に重ねていく。最後に抹茶パウダーを茶こしでふるいかける。

081

\ダイエット中でもOK！/

牛乳で作る低カロリー生クリーム

お菓子作りで気になるカロリーもこれなら安心！
トッピングに使える、低カロリー生クリームの作り方を紹介します。

材料（250cc分）

A ┌ 牛乳……大さじ2
  └ 粉ゼラチン……5g
牛乳（または低脂肪乳）……250cc

コーヒーにのせても！

作り方

1 耐熱ボウルに**A**を入れてよく混ぜる。電子レンジで20秒加熱し、ゼラチンが溶けるまでしっかり混ぜる。

2 牛乳を少し加えてゴムベラで軽く混ぜる。残りの牛乳を加えてしずかに混ぜ、冷蔵庫で30分ほど冷やす。

3 ハンドミキサーで3分ほど混ぜてなめらかにする。再び冷蔵庫に入れ、30分ほど冷やす。

4 ハンドミキサーでなめらかになるまで混ぜる。

POINT

・甘くする場合は**3**ではちみつや低糖質甘味料を加えてください。
・コクがでないため、調理用ではなくトッピング用として使用してください。

MANMARU KITCHEN

一年中食べたい
ひんやりスイーツ＆ドリンク

—

プリンやアイスクリームなど、冷たいスイーツを集めました。
暑い夏はもちろん、冬も食べたくなること間違いなしの
濃厚なデザートがいっぱい！
ほっとひと息つきたいときに飲みたいカフェ風ドリンクも。

Chapter 5
—
一年中食べたい
ひんやりスイーツ
&ドリンク

パンナコッタ

つるんとした口あたりと、ミルクのやさしい甘さにいやされる！
カラメルソースのほか、市販のフルーツソースやジャムを合わせても。

材料（160ccの耐熱ガラス製プリンカップ4個分）

【カラメルソース】
A ┌ グラニュー糖……大さじ3
　└ 水……大さじ1と1/2

【生地】
B ┌ 牛乳……350cc
　│ グラニュー糖……35g
　└ 生クリーム……200cc
　　粉ゼラチン……5g

作り方

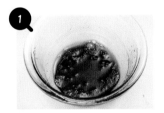

1 耐熱ボウルに**A**を入れ、電子レンジで3分加熱する。色がついたら湯大さじ1(分量外)を加えて混ぜ、粗熱がとれたら冷蔵庫で冷やす。

2 耐熱ボウルに**B**を入れ、ラップをして電子レンジで2分30秒加熱する。

3 粉ゼラチンは水大さじ1（分量外）でふやかす。**2**のボウルに入れ、泡立て器でしっかり混ぜる。

4 ざるで一度こす。

\ POINT /
空気が入らないように
やさしく混ぜる

5 氷水にあて、ゴムベラでとろみが出るまでよく混ぜる。

6 型に流し入れ、冷蔵庫で2時間以上冷やす。食べるときにカラメルソースをかける。

MANMARU KITCHEN

>>> 下準備
☑ オーブンを150℃に予熱する。

チョコレートプリン

ほろ苦いカラメルと濃厚なチョコレートが大人の味。
ケーキのようなずっしりとした生地で、チョコレート好きにはたまらない!

材料(18cm×8cm×6cmのパウンド型1台分)

チョコレート……250g

A ┌ 生クリーム……200cc
  ├ 牛乳……100cc
  └ 卵……3個

【カラメル】
グラニュー糖……大さじ3
水……大さじ1

作り方

❶ チョコレートは粗くきざむ。

\ POINT /
色がつかない場合は
10秒ずつ
追加で加熱する

❷ 耐熱ボウルにカラメルの材料を入れ、電子レンジで3分加熱する。色がついたら湯大さじ1(分量外)を加えてよく混ぜる。

❸ 型に流し入れ、底面全体に広げてならす。冷蔵庫で冷やし固める。

❹ 鍋に Ⓐ を入れて沸騰直前まで加熱する。

❺ 火からおろし、❶のチョコレートを加える。ゴムベラで混ぜてしっかり溶かす。

\ POINT /
卵は泡立たないように
静かに混ぜる

❻ ボウルに卵を割り入れて溶きほぐし、❺に少しずつ加えて混ぜる。

❼ ざるで一度こし、❸の型にさらにこしながら流し入れる。

❽ アルミホイルをかけて深めの耐熱皿にのせ、型の半分の高さまで湯を注ぐ。150℃のオーブンで70~80分蒸し焼きにする。粗熱がとれたらラップをし、冷蔵庫で3時間以上冷やす。

>>> 下準備
☑ 型にクッキングシートを敷く。

チーズプリンテリーヌ

市販のプリンをクリームチーズと混ぜて冷やすだけで、濃厚なテリーヌに大変身！
ココアプリンを使ったアレンジもおすすめです。

材料（18cm×8cm×6cmのパウンド型1台分）

プリン（「Bigプッチンプリン」160gを使用）……1個
クリームチーズ……200g
グラニュー糖……25g

Ⓐ ┌ 牛乳……大さじ2
　 └ 粉ゼラチン……5g

作り方

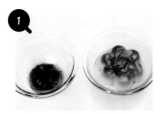

1 プリンはスプーンなどでカラメルソースとプリンに分ける。

2 耐熱ボウルにクリームチーズを入れ、電子レンジで30秒加熱する。

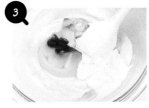

3 ❶のプリンとグラニュー糖を加え、ゴムベラでなめらかになるまで混ぜる。

4 別の耐熱ボウルにⒶを入れて混ぜ、電子レンジで20秒加熱してよく混ぜる。

5 ❸のボウルに加え、ゴムベラで手早く混ぜる。

6 クッキングシートを敷いた型に流し入れ、冷蔵庫で2時間以上冷やす。型からはずし、❶のカラメルをよく混ぜてかける。

チョコレートムースドーナツ

雪のようにすーっととろけるくちどけと、濃厚なチョコの組み合わせがやみつきに。
粉砂糖をたっぷりかけてめしあがれ♪

材料（直径7.5cmのシリコン製ドーナツ型6個分）

チョコレート……100g
Ⓐ
┌ 生クリーム……200cc
└ 牛乳……250cc
　グラニュー糖……30g

Ⓑ
┌ 粉ゼラチン……8g
└ 湯……50cc
　粉砂糖、ココアパウダー（あれば）
　　……各適量

作り方

1 チョコレートは細かくきざんで耐熱ボウルに入れ、Ⓐを加えて電子レンジで2分加熱する。

2 グラニュー糖を加え、ゴムベラでよく混ぜる。

3 別の耐熱ボウルにⒷを入れ、電子レンジで20秒加熱する。**2**に加えてよく混ぜる。

4 ざるでこし、氷水にあてたボウルに入れて冷やしながらゴムベラでとろみがつくまで混ぜる。

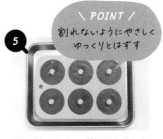

\ POINT /
割れないようにやさしく
ゆっくりとはずす

5 型に流し入れ、数回トントンと落として空気を抜く。冷蔵庫で2時間以上冷やす。型からはずし、あれば粉砂糖やココアパウダーをかける。

オレオココアアイスクリーム

濃厚な甘さのちょっとぜいたくなチョコアイス。
夏場はもちろん、寒い季節にもおいしいですよ。

材料（4～5人分）

オレオ……9枚　　　　練乳……140g
生クリーム……400cc　　ココアパウダー……50g

作り方

1 オレオは軽くくだく。

2 ボウルに生クリームを入れ、泡立て器で7分立てにする。

3 練乳を加えて軽く混ぜる。

\ POINT /
混ぜすぎると
ぼそぼそした食感に
なるので注意

4 ココアパウダーをふるい入れ、ゴムベラで混ぜる。

5 ❶を加えてさっくりと混ぜる。

6 容器に流し入れて平らにならし、ラップをして冷凍庫で3時間以上冷やし固める。

MEMO
簡単なのに、高級アイスのような
ぜいたくな味でお気に入りレシピの1つです。

オレオクッキーアイス

市販のクッキーを使ったクッキーサンドアイス。濃厚なアイスとさくさくのクッキーがベストマッチ！

材料（4個分）

オレオ……6枚
生クリーム……100cc

作り方

❶ オレオ4枚はクリームとクッキーに分ける。

❷ ボウルに❶のクリームと生クリームを入れ、ハンドミキサーでツノが立つまで混ぜる。

❸ 残りのオレオ2枚を粗くくだいて❷のボウルに加え、ゴムベラで軽く混ぜる。

❹ ❶のクッキーで❸をはさみ、ラップをして冷凍庫で3時間以上冷やす。

MEMO
アイスは冷凍庫で
2〜3時間冷やしたくらいが、
固すぎずちょうどいいです。

オレオクッキーミルク

カフェ風のスイーツドリンク。フルーツを飾ったり、ココアパウダーやシナモンをかけたりしても。

材料（グラス約2杯分）

オレオ……10枚　　　牛乳……適量
生クリーム……100cc

作り方

オレオ8枚をクッキーとクリームに分ける。

保存袋に❶のクッキーを入れ、手で揉んで粗くくだく。

ボウルに生クリームと❶のクリームを入れ、ハンドミキサーでツノが立つまで泡立てる。

❷のクッキーの半量ほどを加え、ゴムベラで混ぜる。

残りの❷は小さじ1取り分け、余った分をそれぞれグラスに入れる。8分目まで牛乳を注ぐ。❹のクリームをのせ、残りの❷とオレオ各1枚をのせる。

抹茶ダルゴナコーヒー

大流行したダルゴナコーヒーを抹茶味に。メレンゲのふわふわ感を楽しんで！

材料（グラス2杯分）

A[グラニュー糖……大さじ2 抹茶パウダー……大さじ1
  湯……大さじ2 牛乳……適量
  卵白……2個分

作り方

耐熱ボウルにⒶを入れ、スプーンでよく混ぜて溶かす。

ボウルに卵白を入れ、ハンドミキサーで混ぜてしっかりとツノが立ったメレンゲを作る。途中で❶を3〜4回に分けて加え、その都度よく混ぜる。

抹茶パウダーを加えてよく混ぜる。

グラスの8分目まで牛乳を注ぎ、❸のクリームを半量のせる。スプーンで表面の形をととのえる。

MEMO

甘さひかえめなので、甘党の方は
グラニュー糖の量を増やしてください。

MANMARU KITCHEN

おもてなしにも使える
プチ本格スイーツ

—

ちょっとだけ手の込んだ本格派のスイーツを紹介しています。
一見難しそうに見えますが、どれも意外と簡単。
お祝いごとやホームパーティーに用意したら、きっと喜ばれるはず！

Chapter 6
—
おもてなしにも
使える
プチ本格スイーツ

≫〉下準備
☑型にクッキングシートを敷く。
☑オーブンを160℃に予熱する。
☑クリームチーズは電子レンジで
　30秒加熱する。

ニューヨークチーズケーキ

ほのかな酸味と、しっとり濃厚なチーズの味わいが後をひくおいしさ。
コーンスターチを加えると、さらに濃厚さがアップ!

材料(直径15cmの底が取れる丸型1台分)

【ボトム生地】
ビスケット……90g
生クリーム……30cc

【ケーキ生地】
Ⓐ ┌ クリームチーズ……200g
　├ サワークリーム……100g
　└ グラニュー糖……60g
　　卵……2個

Ⓑ ┌ 生クリーム……150cc
　└ レモン汁……10g

作り方

1 保存袋にビスケットを入れ、めん棒で細かくくだく。ボウルに入れ、生クリームを加えてゴムベラでよく混ぜる。

2 クッキングシートを敷いた型に入れ、コップの底などでしっかりと押して固める。冷蔵庫で10分ほど冷やし固める。

3 ボウルにⒶを入れ、ゴムベラでクリーム状になるまでよく混ぜる。

\ POINT /
ダマにならないように卵は1つずつ加える

4 卵を1つずつ割り入れ、その都度よく混ぜる。

5 Ⓑを加えてさらに混ぜる。

\ POINT /
生地を何度かこすと、さらに口あたりがなめらかに!

6 ざるでこして型に流し入れる。

7 深めの耐熱皿にのせて型の半分の高さまで湯をはり、160℃のオーブンで50分湯せん焼きにする。粗熱をとって冷蔵庫でひと晩おく。

MEMO
底が取れる型で
湯せん焼きする場合は、
お湯をはる前に
底にアルミホイルを
巻いてください。

>>> 下準備
☑ 型にクッキングシートを敷く。
☑ オーブンを160℃に予熱する。
☑ クリームチーズは電子レンジで
　　30秒加熱する。

チーズテリーヌ

クリームチーズとサワークリームを合わせることで、ワンランク上のぜいたくな味に。
おやつにはもちろん、ワインとの相性も◎

材料（18cm×8cm×6cmのパウンド型1台分）

ビスケット（「マリー」を使用）
　……60g
溶かしバター（無塩）
　……20g

Ⓐ クリームチーズ……200g
　サワークリーム……100g
　グラニュー糖……60g
　卵（溶きほぐす）……2個
　薄力粉……10g

Ⓑ 生クリーム……60cc
　レモン汁……5cc
　バニラエッセンス……7〜8滴

作り方

1 保存袋にビスケットを入れ、めん棒で細かくくだく。溶かしバターを加えてよく揉んで混ぜ、クッキングシートを敷いた型に入れ、平らにならす。冷蔵庫で10分ほど冷やし固める。

2 ボウルにⒶを入れ、ゴムベラでよく混ぜる。グラニュー糖を加えてしっかり混ぜる。

3 溶き卵を2回に分けて加え、その都度よく混ぜる。薄力粉をふるい入れてよく混ぜる。

> ＼ POINT ／
> 焼き時間は
> 焼き色を見て調節する

4 Ⓑを加えて混ぜ合わせる。

5 ざるでこして型に流し入れる。

6 160℃のオーブンで30分焼く。温度を170℃に上げ、さらに25〜30分焼いて焼き色をつける。粗熱がとれたらラップをして冷蔵庫でひと晩冷やす。

>>> 下準備
☑ 型にクッキングシートを敷く。
☑ オーブンを170℃に予熱する。

チョコレートテリーヌ

バターも生クリームもなくても、しっとり濃厚なテリーヌが作れちゃう！
2種類のチョコを使って、コクのある甘さにしました。

材料（18cm×8cm×6cmのパウンド型1台分）

チョコレート……150g
ブラックチョコレート……100g
サラダ油……90cc

卵……3個
牛乳……30cc

作り方

❶ チョコレート2種類は細かくきざんで耐熱ボウルに入れる。サラダ油を加え、電子レンジで1分加熱してゴムベラで混ぜる。

❷ 別のボウルに卵を割り入れ、泡立て器で泡立たないように注意して溶きほぐす。牛乳を加えてよく混ぜる。

\ POINT /
分離しないようにしっかりと混ぜる

❸ ❶のボウルに❷をざるでこして加え、ゴムベラでよく混ぜる。

❹ クッキングシートを敷いた型に流し入れ、型ごと数回トントンと落として空気を抜く。

\ POINT /
固まらない場合は様子を見て追加で加熱する

❺ 深めの耐熱容器にのせ、湯を型の半分の高さまで注ぐ。170℃のオーブンで20〜22分蒸し焼きにする。粗熱をとり、ラップをして冷蔵庫でひと晩冷やす。

MEMO
食べるときは、
包丁をお湯で温めてから
切るときれいに切れます。
ココアパウダーをかけても
おいしいですよ。

おもてなしにも使える プチ本格スイーツ

103

ふわふわデコレーション シフォンケーキ

華やかなデコレーションケーキも、電子レンジを使えば簡単！
誕生日やクリスマスなどのイベントにもおすすめです。

材料（直径15cmの紙製シフォンケーキ型1台分）

【シフォンケーキ】
卵……4個

A ┌ ホットケーキミックス……100g
　 └ ココアパウダー……大さじ2
　　 サラダ油……30g
　　 牛乳……60cc

【デコレーション用】
生クリーム……100cc
グラニュー糖……20g
いちご、ブルーベリー、ミント
　　……適量

作り方

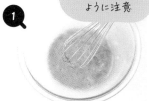

\ POINT / 泡立てすぎないように注意

1 ボウルに卵を割り入れ、泡立て器で溶きほぐす。

2 Ⓐを加えて粉っぽさがなくなるまでしっかりと混ぜる。

3 サラダ油と牛乳を加え、しっかりと混ぜる。

4 型に流し入れ、トントンと落として軽く空気を抜き、電子レンジで2分加熱する。前後を入れ替えてさらに1~2分加熱する。

\ POINT / 乾燥しないようにラップをかける

5 粗熱をとり、生地が落ち着いたら横半分にカットし、ラップをかけて常温におく。

6 ボウルに生クリームを入れてグラニュー糖を加え、氷水にあてながらハンドミキサーで混ぜ、やわらかいツノが立った7分立てにする。

\ POINT / 生クリームはあふれるくらい塗るとかわいさUP！

7 ❺の1枚に❻を塗り、スライスしたいちごとブルーベリーを並べる。もう1枚の生地を重ね、生クリームを塗って残りのフルーツとミントをのせる。

MEMO
焼くときは
焼きムラがないように、
様子を見て
向きを変えながら
加熱してください。

クレームブリュレ

パリパリのカラメルも、バーナーなしで簡単！
バニラエッセンスはなくても大丈夫ですが、あると風味が増しておすすめです。

材料（100ccのココット3個分）

A
┌ 生クリーム……200cc
├ 牛乳……50cc
└ バニラエッセンス（あれば）……5～6滴

B
┌ 卵黄……3個分
├ グラニュー糖……30g
└ グラニュー糖……適量

作り方

\ POINT /
分離しないように
しっかりと混ぜる

1
鍋に**A**を入れてゴムベラで軽く混ぜ、沸騰直前まで温める。

2
耐熱ボウルに**B**を入れて泡立て器で混ぜ、**1**を少しずつ加えてよく混ぜる。茶こしでこして型に流し入れ、アルミホイルをかぶせる。

3
フライパンに並べ、湯を型の半分の高さまで注ぐ。ふたをして極弱火で20分ほど蒸し焼きにし、粗熱がとれたら冷蔵庫で2時間以上冷やす。

\ POINT /
スプーンの持ち手が
熱くなるため、必ず
鍋つかみやふきんを使う

4
表面にグラニュー糖を薄く敷き、コンロで温めたスプーンを押しつけて焼き色をつける。

MEMO
スプーンは加熱すると
焦げて変色するため、
変色しても問題ないものを
使ってください。

>>> 下準備
☑ 型にクッキングシートを敷く。
☑ オーブンを160℃に予熱する。
☑ クリームチーズは電子レンジで
　　30秒加熱する。

クリームチーズプリンタルト

タルト生地のさくさく感と、濃厚なプリンの相性がたまらない！
カラメルをかけると少しビターな大人の味わいが楽しめます。

材料（直径12cmの丸型1台分）

【タルト生地】
ビスケット……220g
生クリーム……60cc

【プリン生地】
A ┌ 牛乳……100cc
　├ 生クリーム……80cc
　└ グラニュー糖……30g
　　クリームチーズ……100g
　　卵（溶きほぐす）……2個

【カラメル】
B ┌ グラニュー糖……大さじ2
　└ 水……小さじ2

作り方

1 保存袋にビスケットを入れ、めん棒で細かくくだく。生クリームを加え、手で揉んでよく混ぜる。

2 クッキングシートを敷いた型に入れ、コップの底で押して型の形に合わせてととのえる。冷蔵庫で10分ほど冷やす。

3 鍋にＡを入れて中火で熱し、ゴムベラで混ぜながら沸騰直前まで温める。

4 耐熱ボウルにクリームチーズを入れ、ゴムベラでよく混ぜる。溶き卵を2回に分けて加え、その都度しっかりと混ぜる。❸を3回に分けて加え、その都度よく混ぜる。

\ POINT /
型底に
アルミホイルを巻く

5 ざるでこし、❷の型に流し入れる。深めの耐熱皿にのせて湯を型の半分の高さまで注ぎ、160℃のオーブンで70〜80分蒸し焼きにする。粗熱をとり、ラップをして冷蔵庫で3時間以上冷やす。

\ POINT /
加熱時間は
様子を見て
10秒ずつ追加する

6 耐熱ボウルにＢを入れ、電子レンジで2分30秒加熱する。色がついたら湯小さじ2（分量外）を加えて混ぜ、冷蔵庫で冷やす。食べるときに❺にかける。

109

お菓子作りの Q&A

Q1 生クリームの8分立てってどのくらい？

▼

泡立て器を持ち上げたときに泡立て器の跡がしっかりついて、表面に「の」の字がかけるくらいの状態をさします。やわらかいツノが立つのが目安です。主に、ケーキのデコレーションや、お菓子に添えるときに使います。

このくらいになればOK！

Q2 生クリームは牛乳でも代用できる？

▼

代用できないことはありませんが、乳脂肪分が少なくコクがなくなるため、生地に使う場合はあまりおすすめしていません。ただし、この本ではトッピング用として、牛乳で作る生クリームを紹介しているので、カロリーが気になる方はチェックしてみてください。

➡ 牛乳で作る生クリームのレシピは P82

Q3 ケーキ型はどうやって選べばいい？

▼

ケーキ用の丸型には、底が取れるものと取れないものの2種類があります。底が取れない型はスポンジケーキやベイクドチーズケーキなど、仕上がりが固く、ひっくり返しても大丈夫なものに使います。
逆に、レアチーズケーキやスフレチーズケーキなど、生地がやわらかくてひっくり返せないものは底が取れる型を使用するといいでしょう。

Q4 クッキーで作るタルト生地が崩れる

▼

クッキーやビスケットは種類によって含まれる水分量が違います。生地がまとまりにくい場合は、分量よりも少しだけ多めにバターや生クリームを加えてください。型に生地を入れて押さえたときに、ボロボロ崩れるなら水分量が足りない証拠。バターや生クリームを10g（cc）ほど加え、様子を見ながら形をととのえてください。また、クッキーのくだき方が粗いと生地がガタガタになって崩れやすいため、細かくくだくようにしましょう。

コップの底などでしっかり押さえる

YouTubeでよく聞かれる質問への回答をまとめました。
ポイントをしっかりおさえて、お菓子作りを楽しんでください！

Q5 メレンゲが上手く泡立たない

▼

卵白の温度と、グラニュー糖を加えるタイミングがポイントです。卵白は冷凍庫で10分ほど冷やして半冷凍に（写真参照）。砂糖は一度にすべて加えるのでなく、2～3回に分けて加えましょう。また、ボウルや泡立て器に油汚れなどがついていると泡立ちにくいため、使う前に汚れていないか確認することも大切です。
ボウルを逆さにしても落ちてこなくなるくらいまで、しっかり泡立てましょう。

ふちが少し固まるくらいが目安

Q6 型からきれいにはずせない

▼

冷製スイーツは型の周りを手で温めたり、ホットタオルで10秒ほど包んだりするとはずしやすくなります。冷蔵庫の機種や庫内に入っているものの量によっては、生地が固まりにくいことも。その場合はレシピに書いてある時間よりも少し長く冷やしてみてください。焦らず、ゆっくり慎重にはずしましょう。

Q8 作ったお菓子はどのくらい日持ちする？

▼

クッキーなどの焼菓子は常温で3～4日ほど日持ちします。プリンやムース、テリーヌなどの冷やして作るスイーツは冷蔵庫で3～4日ほど。チーズケーキやチョコレートケーキのように焼いたあとに冷やすスイーツは、冷蔵庫で3日ほど保存が可能です。
卵を使っていないアイスは、ラップなどで密封すれば長期間の保存も可能ですが、長くおきすぎると生地がぼそぼそしてくることも。基本的には3～4日で食べきることをおすすめしています。
個人的には、どれも作った翌日の夜くらいまでがおいしく食べられるタイミングだと思います。季節や調理状況によっては変動するため、様子を見て食べきってください。

Q7 粉ゼラチンがダマになってしまう

▼

ゼラチン液を生地に混ぜるときに、生地と温度差があると急速に固まり、ダマになってしまいます。そのため、生地が冷えすぎていないことが大切。生地に加えたあとは、泡立て器などで手早くしっかりと混ぜるようにしましょう。

撮影／島村緑
調理・フードスタイリング／青木夕子（エーツー）
フードアシスタント／掘金里沙、日根綾海（エーツー）
デザイン／阿部順幸
校正／東京出版サービスセンター
編集／長島恵理（ワニブックス）

材料3つから簡単！

ラクうま おうちスイーツ レシピ

著者　まんまるkitchen

2021年6月10日　初版発行

発行者　　　横内正昭
編集人　　　青柳有紀
発行所　　　株式会社ワニブックス
　　　　　　〒150-8482
　　　　　　東京都渋谷区恵比寿4-4-9　えびす大黒ビル
　　　　　　電話　03-5449-2711（代表）
　　　　　　　　　03-5449-2716（編集部）
ワニブックスHP　　https://www.wani.co.jp/
WANI BOOKOUT　　https://www.wanibookout.com/

印刷所　　　凸版印刷株式会社
DTP　　　　株式会社明昌堂
製本所　　　ナショナル製本

定価はカバーに表示してあります。
落丁本・乱丁本は小社管理部宛にお送りください。送料は小社負担
にてお取替えいたします。ただし、古書店等で購入したものに関し
てはお取替えできません。
本書の一部、または全部を無断で複写・複製・転載・公衆送信するこ
とは法律で認められた範囲を除いて禁じられています。

©まんまるkitchen2021
ISBN 978-4-8470-7060-0